AF324416

HISTOIRE

MEMORABLE ET MERVEILLEUSE

ADVENUE A

VILLENEUFVE DE BERC

VIVARETS

Au Mois d'Octobre 1613

D'un homme de la religion pretendue reformée,
blasphemant contre l'Eglise Catholique,
Apostolique et Romaine.

*Contenant tout ce qui s'est passé durant sa vie
et après sa mort.*

A PARIS

Par FLEURY BOURRIQUANT, en l'Isle du Palais
Ruë Traversante, aux Fleurs Royales.

Jouxte la Coppie imprimée

AU PUY EN AUVERGNE

—

Avec Permission.

AU LECTEUR

AMY *Lecteur, combien que l'erreur et opiniastreté des pretendus Reformez, soit dès long temps, et que leur Religion ait esté condamnée en tout temps de la bouche de Dieu, et par les tesmoignages et authoritez infaillibles des Docteurs de son Eglise, neantmoins la providence Divine (jalouse de l'honneur de son Eglise, et soigneuse du salut de son peuple) nous en faict bien souvent voir au jour, par les effects de ses miracles. Nous en voyons tous les jours réüssir des merveilles, mesmement ayant ouy ces jours passez par l'organe de personnes d'honneur, dignes de foy, et de croyance, que Dieu par un signalé miracle avoit monstré des effects de son juste courroux contre un de la Religion, pour la desobeïssance et irreverence qu'il* portoit à l'Eglise de Dieu, j'ai supplié un de mes amis de tracer quelques lignes sur ce subjet, et vous discourir au vray du faict de ceste histoire, afin que plusieurs personnes à qui la nature a desnié l'intelligence des lettres, et les actions de l'esprit, en tirassent quelque profit et utilité, et s'affermissent d'autant plus par les merveilles de ceste histoire en la vraye foy, l'asseurance de leur salut. Tu recevras (Amy Lecteur) ces lignes portant asseuré tesmoignage du faict de ceste histoire, d'aussi bon cœur que je te les offre, joyeux que tu en tires quelque profit, extremement marry que je n'aye à mon pouvoir dès à present quelque chose digne de toy : que si rien s'offre d'ores en avant, provenant de l'humeur de quelque subtil esprit, et qu'il m'en veuille favoriser, dès ceste heure je te le dédie et destine, au gré de tes bonnes graces.

HISTOIRE

MEMORABLE ET MERVEILLEUSE

D'UN DE LA

RELIGION PRETENDUE REFORMÉE

ADVENUE

A VILLENEUFVE DE BERC

E Leopard selon l'opinion des His-
toriens est tellement ennemy de
l'homme, que s'il en aperçoit
quelque marque ou vestige tracée
en terre, ne refuse de l'assaillir furieusement,
de façon que ceux qui se veulent joüer de la
fureur de cest animal, et tirer certain plaisir
et passe-temps de sa cruauté, luy font voir le
pourtrait de l'homme, contre lequel il se
dresse si furieusement, qu'il le met en pieces,

monstrant par ceste action furieuse combien grande est son inimitié, et malvueillance envers l'homme, puisqu'il traicte si cruellement son image et semblance : de mesme cest heretique, semblable à un Leopard, assorti de mesme cruauté, et conditions, mortel ennemy de la Divinité, ne pouvant toucher à icelle, moins obscurcir son lustre, a vomy de tout temps sa rage, et executé son dessein pernicieux contre l'Eglise Catholique, Apostolique, Romaine, vraye image et semblance de la Divinité, se riant et gaussant parfois des divines Ceremonies et sacrez mysteres, qui pour l'edification de nos consciences se celebrent et practiquent religieusement parmy les fideles Chrestiens, à l'honneur tousjours et gloire de la divine Majesté : mais en fin toutes ces risées n'ont eu longue estenduëe, et ne durent beaucoup, comme estant à la parfin infailliblement eschangées et converties en larmes, en douleurs et peines continuelles, pour s'estre mocqué des sainctes Ceremonies, et des œuvres externes, desquelles use l'Eglise Catholique en ses divins offices. Non autre que telle qu'a esté sa vie ; fust elle abandonnée

aux dissolutions et scandales du peché, sa fin
aura esté suivie de rage et du desespoir de
son salut : ce que nous voyons ordinairement
en la plus-part de ceux qui se despouillans de
la clarté de ce monde, attaints du desespoir
qui leur oste la repentance de leurs pechez,
et la cognoissance de leur salut, se privent
tout à coup de la joüissance bien-heureuse,
et de la lumière éternelle. Ces bonnes gens,
quoy qu'autant de testes autant d'opinions,
neantmoins en cela, se sont ils toujours ensemble bien accordez, de procurer la perte
et ruine de l'Eglise Apostolique Romaine, et
la despouïller tout à fait des Sainctes Ceremonies, et des œuvres externes, disans estre
superstitieuses, inutiles, et de nulle valeur,
ne considerant pas comme nous, que tout
ainsi que l'escorce d'un arbre pour foible et
tendre qu'elle soit, peut neantmoins conserver
la force et vertu de l'arbre ; de mesme aussi
combien que les Saintes Ceremonies de
l'Eglise semblent peu de chose, si profitent-
elles beaucoup pour la deffence et conservation
des vertus internes. Le Psalmiste nous apprend
que la gloire de l'Eglise consiste en l'interieur,

de façon que la valeur et beauté des œuvres extérieures doit proceder de l'intérieur de l'ame, veu qu'en icelle est l'usage du liberal arbitre, suivi de la divine grace et de la charité, par lesquelles les œuvres exterieures sont agreables à la divine Majesté : d'ailleurs que la vertu d'un homme juste ne consiste pas du tout à l'interieur, mais bien encore aux œuvres exterieures, combien qu'elles dependent de l'interieur. De plus les Ceremonies sont necessaires, d'autant que la nature ayant favorisé les uns plus que les autres, des dons de l'entendement, et des actions de l'esprit, et que les uns sont plus foibles, grossiers et imparfaicts que les autres ; jugeans des choses plustost par leur apparence exterieure, que par leur valeur. C'est pourquoy les Ceremonies de l'Eglise sont utiles et convenables à telles personnes, à fin que par icelles, ravis et esmeus de telles magnificences et diversité des choses si rares, naisse dans leur cœur quelque desir de servir et honorer ceste divine et incomprehensible Majesté : mais venons au but et project de ce discours. C'est qu'aujourd'huy le bruit court par tout, comme aussi la verité est telle, que dans la ville de Villeneufve de Berc en Vivarets, un certain nommé Taillan, de la Religion pretenduë reformée, le nom duquel je n'ay voulu passer soubz silence, pour rendre sa memoire autant odieuse à la posterité, que sa fin conforme à sa vie est pernicieuse et espouventable. Ce miserable, parmy un million de blasphemes qui naissoient à toute heure de sa bouche, le plus frequent et commun estoit, qu'il disoit que rien de plus mal-heureux ne pouvoit arriver à un homme en ce monde qu'estre Chrestien et Catholique, et suivre la loi de l'Eglise Apostolique et Romaine. O blaspheme execrable qui devoit forcer la terre à s'ouvrir, à la prolation de tels accents, pour engloutir et abismer en vie celuy qu'elle ensevelit apres sa mort au profond des abismes. Ce miserable parmy le cours de sa vie detestable, prenoit un singulier contentement à mocquer et gausser nos Ecclesiastiques en leurs chants et ceremonies : et pour mieux se donner car-riere de rire, il s'associoit le plus souvent de ses semblables, et toutes et quantesfois qu'il oyoit chanter nos Prestres dans l'Eglise à leurs offices, ou aux enterremens, il crioit insolemment tout haut : *Oyez **braire les Asnes***, au scandale des serviteurs de Dieu. Arriva que par punition Divine il tomba en une griefve maladie, de laquelle comme forcené et desesperé il mourut, pendant laquelle maladie il fut merveilleusement assailly de plusieurs fantosmes, et visions, qui luy paroissoient à toute heure, entre autres d'un grand nombre de certains moucherons qui volletoient à l'entour de son lict, qu'on ne peut par aucune violence repousser, avec l'estonnement de ceux qui y assistoient : le jour arrivé de son enterrement ses confreres l'accompagnant en ce dernier office, survint miraculeusement un asne qui le suivit pas à pas, brayant apres luy jusqu'au tombeau, sans que personne des assistans peut empescher avec toute leur force et pouvoir le cry espouventable, moins l'assistance et compagnie de cest animal : l'enterrement fait, l'asne disparut miraculeusement. Le lendemain quelques uns par curiosité visitant sa tombe n'y trouverent point son corps, et la terre où il estoit enterré s'estoit enfoncée, comme ne pouvant supporter le faix, qui seul

pour l'enormité et pesanteur de ses vices
avoit esté destiné pour les enfers, si Dieu
n'en a misericorde.

*ETTE histoire si recente, advenuë en
la face de plusieurs de vostre troupe
(Messieurs les Reformez) ne vous
doit-elle servir de correction et
d'amendement à l'advenir ? Vivrez-vous d'oresna-
vant en semblable erreur et aveuglement que ce
pauvre deffunct vostre Compagnon ? Attendez-vous
comme luy le Royaume des Cieux en vices, scandales, dissolutions, guides de voz opiniastretez et
erreurs ? Attendez-vous la lumiere dans les flammes ?
Ne craignez-vous pas que la lumiere de vie, à
laquelle vous avez esté appelez, ne soit par vos
pechez et demerites eschangée en ombre et tenebres
de mort ?* Vœ impio in malum, *malheur à vous
qui perseverez en vos opiniastretez, qui vous ren-
dent de tres mauvaise odeur à Dieu et aux Anges,
corrigez-vous hardiment, venez à resipiscence,
nettoyez voz consciences, que la honte du reproche
de ceux de vostre trouppeau (pour vous estre
acheminez à une sainte Conversion) ne vous dis-
gracie de la misericorde Divine, et ne vous rende*

honteux et confus lors que paroistrez coulpables devant le throsne de la Royalle Majesté, pour recevoir condemnation de vos fautes et demerites. Les sainctes admonitions de tant de saincts personnages, la devotion de tant de bons Religieux, la gloire du Paradis, les peines de l'enfer, la vie et la fin miserable de cestuy vostre Compagnon, tout cela joint ensemble ne vous sçauroit-il servir d'exemple et d'esguillon, pour à l'advenir edifier vos Consciences et convertir vos Cœurs endurcis et obstinez en leurs iniquitez ? Chassez la honte qui vous recule de vostre salut, ostez l'aveuglement qui vous plonge dans l'eau bourbeuse de l'heresie, qui vous rend plus noirs que l'encre, plus tristes et mal contents que la nuict, afin que despouillez de toutes les ordures du peché, et vos ames bien purifiées, vous paroissiez avec allegresse à la face du Seigneur plus blancs que n'est la neige, pour jouyr avec tous les bien-heureux des fruicts de la gloire eternelle. Ainsi soit-il.

LYON. Imprim. Louis Perrin. M DCCC LXXV

www.ingramcontent.com/pod-product-compliance
Lightning Source LLC
LaVergne TN
LVHW010250060726
842527LV00007B/2706